Cómo controlar la ansiedad, el insomnio y los ataques de pánico

Dr. Albert Jonson

"Nada es tan grave como parece cuando lo piensas". **-Daniel Kahneman**

Índice

*El conjunto de técnicas al final del libro

Prefacio

Se que deseas con toda tu alma despertar algún día y ya no sentir ese infierno llamado ansiedad generalizada. Estás harto (a) de toda su sintomatología y todo lo conlleva. No te preocupes, sé cabalmente como se siente, y afortunadamente tiene solución. En este libro te revelaré la metodología que como especialista empleo en mi clínica de salud mental ADFER en Estados Unidos, y en el cual más de cinco mil personas se han beneficiado a través de este sistema combinado en las últimas décadas. Se que hay personas incrédulas que piensan que no hay solución, quizás por ignorancia, porque tuvieron malas experiencias con tratamientos o porque no conocen el revolucionario método que empleo. En este libro te mostraré todas las herramientas que yo utilizo como experto en el tema con más de 30 años, y que tú ejecutarás para salir de una vez por todas de esa pesadilla. Y verás, que una vez que domines las técnicas será sencillo desterrar para siempre el monstruo de la ansiedad.

"Cómo controlar la ansiedad, el insomnio y los ataques de pánico", está valorado como uno de los mejores libros informativos de divulgación clínica sobre el tratamiento de la ansiedad generalizada gracias a los maravillosos resultados en decenas de miles de personas alrededor del mundo. Ha sido nombrada en las mejores revistas científicas de salud mental a nivel mundial en 2018- 2020.

El autor Albert Jonson a través de su experiencia personal y de haberla padecido nos relata desde el inicio hasta el final cómo es tenerla y cómo salir de ella de una vez para siempre. Una metodología práctica e informativa. Un paso hacia tu sanación.

Disfrútalo. Gracias.

Sobre el autor

Psicólogo, psicoanalista y psicoterapeuta de la Universidad de Pensilvania.

Cada vez que me preguntan por qué estudié diferentes posgrados encaminados a la salud mental; respondo porque padecí ansiedad generalizada y todos sus trastornos derivados. En aquel entonces ya sabía que la mayoría de las personas jamás saldrían de ese oscuro agujero por sí solos. Luego de que sané, mi misión en la vida era esa: ayudar a todos aquellos que sufren como yo sufrí en su momento, y orgullosamente lo digo; he podido ayudar a más de cinco mil personas a salir de una vez para siempre de ese abismo sin salida en mi centro de salud mental en New York, y ahora pongo el mismo sistema mediante este libro.

Nota Importante

Toda la información, así como la metodología y técnicas expuestas en esta guía deben tomarse exclusivamente como material informativo para la persona que sufre dicho trastorno. De ninguna manera se debe optar para reemplazar el diagnóstico y tratamiento de un especialista.

Introducción

Quién lo hubiera pensado, que tres décadas después; yo, aquel paciente víctima directa de la ansiedad y toda su sintomatología, se encontrara al otro lado del camino, así es, socorriendo a decenas de miles alrededor del planeta a salir de su pesadilla: ese monstruo mal llamado trastorno de ansiedad generalizada. Un gran porcentaje de aquellas personas que lo padecen creen que no hay salida, que el único camino es la resignación a ese infierno, pero aquí estoy yo: un superviviente, un caso crónico real y constato que eso es totalmente falso. Obviamente, en su momento creía lo mismo que esas personas, y ese fue el motivo del porque duré muchísimos años para encontrar el método correcto para salir de ese estado mental.

No tienes ni idea de cómo me pesa no haber buscado ayuda, y naturalmente dejé los años pasar y mi situación se volvió crónica. Por naturaleza humana solemos creer que las cosas de este tipo se arreglarán como por arte de magia, pero lamentablemente así no funcionan las cosas en nuestra realidad. Cuando la ansiedad llega y echas raíces en nuestra mente, hay dos caminos que seguir: una, salir de ese estado o hundirse en un infierno en vida, hasta llegar a un momento en que esa mala calidad de vida la percibes normal, pero consecuentemente ese trastorno te priva de muchas cosas que pudiste haber disfrutado y ser feliz.

Desafortunadamente, son cientos de millones de personas que padecen este trastorno y por los tiempos que vivimos se han duplicado el doble. Datos oficiales de la OMS estiman que al menos un 7 % de la población mundial lo padece de leve a crónica. Y eso, obviamente, sin contar aquellos que no han sido diagnosticados.

Naturalmente, no quieres vivir el resto de tus días con esa mala calidad de vida a causa de ese gatito disfrazado de monstruo y que no te deja ser feliz. En esta guía sintetizada te contaré mi experiencia real de cómo viví uno de los trastornos de ansiedad crónica más severos para al final encontrar mi sanación y volver de nuevo a vivir en paz.

No hay nada más importante en esta vida que ser feliz, y esa es nuestra misión en este mundo: vivir y disfrutar del milagro de existir, de disfrutar de las cosas. Pero cuando un trastorno derivado de la ansiedad toca nuestra mente, hace que todo nuestro mundo se derrumbe, y si no se hace nada para desterrarlo nada vuelve a ser lo que era: nos hace cambiar de personalidad, nos hace que nos distanciemos de la familia, hace que nos aislemos de la vida social, otros dejan el trabajo, muchos jamás conocen el amor ni se atreven a llevar a sus sueños realidad, y en casos particulares la ansiedad se convierte en depresión y luego viene lo peor; atentan con su propia vida. Y he ahí el meollo del asunto, del porqué es tan importante acudir a tiempo por ayuda y llevar un tratamiento personalizado, para que no evolucione a niveles incontrolables y se pueda llegar a esos extremos. Aunque, cabe mencionar que únicamente el 0,1 % evoluciona a depresión y ejecuta lo mencionado arriba.

Cuando padecí en carne propia ese sufrimiento no conocía absolutamente nada del **tag** (trastorno de ansiedad generalizada) y mucho menos sus trastornos que se derivan en decenas. Fueron casi cinco años sumidos en ese infierno sin tener la más mínima idea de que era lo que tenía. Hasta que un día por azares de la vida cotidiana conocí el famoso término, y por mi naturaleza a conocer un poco devoré muchos artículos de aquel entonces, hablo de finales de la década de los 70. Pero como era de esperar, un joven adulto y sabiendo de lo que sospechaba a tener, ahí quedó todo y no le presté más atención, y obviamente, mi vida siguió con el mismo rictus de dolor mental que conlleva tener **tag**. En el siguiente capítulo te contaré todo, desde el inicio hasta el final con esta enfermedad, y luego te expondré el sistema combinado que manejo para poder sanar del mismo y recuperar tu vida que tenías antes. En aquellos ayeres nunca me imaginé que me convertiría en profesional de la salud mental ni mucho menos en tener funcionamiento una de las clínicas más importantes de Nueva York, especializada exclusivamente contra la ansiedad y sus trastornos. Tengo la satisfacción de haber podido ayudar como ya mencioné a muchísimas personas con el espíritu por los suelos, y estoy completamente seguro que tú serás uno más de esa lista que dirá: "al fin se fue la ansiedad".

Antes de iniciar en materia debo puntualizar fervientemente que, esta guía no es un manual de técnicas o metodologías milagrosas que están muy de moda hoy en día por pseudo profesionales de la salud. Si estas buscando eso, entonces debo decirte que este libro no es para ti, porque las cosas así no funcionan en nuestra realidad, para qué engañarte. Vencer la ansiedad generalizada y todos sus trastornos son mediante pasos específicos combinados que trataremos más adelante. Y sé que más allá del sistema que manejo, técnicas, metodologías, para salir de esto, es que tenemos y debemos realmente querer de verdad sanar, y es por eso que como introducción en el siguiente capítulo quise mostrar la manera como lo hice yo en todo mi proceso. Y como leerás en las siguientes páginas, tú también tendrás que ejecutar, practicar y dominar dicha metodología combinada hasta alcanzar y mantener nuevos patrones mentales.

Comenzamos. Muchas gracias. Dr. Albert Johnson con cariño. 1948 - actualmente.

Un día llegó a mi vida

Cómo no recordar aquellos inviernos de 1953 cuando tenía seis y era completamente feliz, en mi mágico mundo que todo pequeño crea en su mente. Los inviernos que siguieron se esfumaron en un pestañear y en ese tiempo los crueles tratos de mi nueva madrastra hicieron efecto en mi tierna mente donde las emociones apenas iniciaban a madurar hacia la edad adulta. El kínder, como no recordarlo. Todavía los recuerdos me invaden y siento el sentir de pequeño cuando apenas se asomaban los primeros síntomas del monstruo de la ansiedad. Aunque, cabe señalar que para aquella época el principal problema que se dejó asomar fue mi maltratada y desecha baja autoestima, pisoteada por una madrastra. Cuando eres niño y tus emociones apenas inician a formarse, una personalidad externa a ti a la que hubieses desarrollado naturalmente toma el control en tu vida y comienzan a mostrarse una gama de emociones negativas en todo momento: desde los miedos, pensamientos de inutilidad, inferioridad, tristezas... Aún recuerdo cuando me sentía el menos de todos, me sentía que no valía nada. Y ese valor que me daba lo reflejé en mi forma de comportarme dando como resultado ante los demás lo que cabría esperar; debilidad en mis movimientos en mi manera de comportarme y todo eso se reflejó en bullying hacia mi persona. Por fortuna, cuando se es niño, la inocencia forma parte de un escudo y nos protege de muchas angustias dando aún así tiempo para momentos de dicha y felicidad.

Recuerdo que por ser cohibido y tener débil autoestima siempre me hacían bullying. Cómo perciban tu lenguaje corporal puede ser un poderoso imán para aquellos compañeros de escuela o trabajo para humillarte o para respetarte. Solamente evocar esa gama de sentimientos aún se me enchina mi piel. En aquellos años me preguntaba inconscientemente ¿por qué la mayoría prefiere tener de compañía a los chicos malos? Conmigo nadie se juntaba, de hecho, era un cero a la izquierda y eso me hacía sentir peor. Siempre me la pasé solo en los recreos, o con mi compañero de bullying otro chico al que hostigaban también, pero era tan débil mi autoestima que incluso él también me lastimaba cuando andaba enojado producto de una paliza.

Pese a los malos tratos en el kínder no había comparación a la humillación y a los tratos que vivía en casa, donde imperaba un ambiente de maltratos, amenazas y golpes de toda índole, haciendo un lugar propicio para desarrollar trastornos psicológicos. Cuando se es pequeño se suele sobredimensionar las situaciones, pero poniendo en contexto lo que viví en casa, era completamente realista. De ambas figuras paternas recibía vejaciones y humillaciones. Hasta perdí la cuenta de las veces que recibí comentarios hirientes de mi padre que muchas veces golpean más fuerte el subconsciente que una paliza, tales como: "eres una basura, no sirves para nada, jamás hubieses nacido bastardo, eres un estorbo, ojalá te hubieses muerto y un largo etc.". Inclusive, pese a que las emociones en aquellos años aún no estaban completamente maduras, me dolían enormemente en mi corazón. Y no bastando con eso, las repetidas violaciones de mi madrastra hacían peor todo.

Todavía recuerdo como si fuera ayer el primer síntoma raro. En mis manos y pies sentía el ímpetu de estirarlos más allá de lo humanamente posible, pero mi compulsiva mente me decía: "estíralos más y más", y no poderlos hacer me daba una sensación terrible, sumado a las sensaciones de hormigueo, algo tonto pensarás. Pero autoanalizándome como experto de lo que viví, sin lugar a dudas puedo decir que era un estado pre- mental hacia una ansiedad generalizada que más tarde desarrollaría.

No mucho tiempo después llegó el **toc** (trastorno obsesivo compulsivo). Mis padres eran una familia sumamente devota a una religión católica, y por como era de esperar fui inculcado en la misma. A eso de los ocho inicié a tener una serie de pensamientos repetitivos e irreverentes hacia Dios cosa que no entendía en aquel entonces, algo aterrador al punto de morderme y arañarme para alejarlos, porque sabía que esos pensamientos, aunque inconscientes, reconocía que podía leerlos y que llegaban a mi mente consciente, y el castigo eterno por lo que representaba la blasfemia lo tenía presente en todo momento. Venían por lo regular en las noches, meneaba mi cabeza tratando de alejarlos, pero golpeaban mi mente una y otra vez como un corto circuito. Y peor aun cuando mi madrastra me decía: "te has portado mal animal, irás al infierno cuando Armagedón venga. etc.".

El tiempo voló... fui víctima del bullying desde el preescolar hasta los catorce. Todo ese tiempo la viví cautivo dentro de mi propia casa, jamás tuve amigos como cualquier niño, aspecto vital para desarrollar las conexiones cognitivas adecuadas para el desarrollo óptimo de un estado emocional saludable, para las siguientes etapas de la vida adulta. Relato esto no para hacerlo más largo sino para que se den una idea de lo que viene, y de la manera en cómo desarrollé una de las más crónicas ansiedades generalizadas, y que pese a eso pude sanar y ser feliz. Imagino que como tú muchos de los que analizan esta guía no han llegado ni llegarán a mis extremos, por lo que ten fe de que podrás salir de este estado mental. Y no lo expreso con un matiz religioso, ¡no! sino con el término fe de creer en ti, de creer en tu capacidad de poder lograr tu objetivo: que es curarte de una vez por todas.

Todo niño y adolescente necesitan crear vínculos y relacionarse con individuos de su edad para crear - desarrollar las habilidades necesarias que les ayudarán en todas sus facetas en la edad adulta dentro de una sociedad. Por consiguiente, es fundamental desarrollar estas habilidades para tener relativo éxito en nuestra vida. Desafortunadamente, no estuvo en mi desarrollar esas habilidades para aquel entonces, porque no tuve amigos, de esas amistades reales. Pese a que siempre lo anhelé, pero quien querría juntarse con alguien que daba una impresión de tonto, de débil, de alguien que lucía cabizbajo en todo momento temeroso. Así era mi autoestima que siempre al término de cada fin de jornada escolar salía llorando. Para el final de la secundaria la fobia social se había convertido en mi mejor amiga trastorno que me acompañaría algunos lustros en mi vida adulta. Pienso que soy el ejemplo ideal de todos los factores activos que pueden desencadenar en cierto grado ansiedad generalizada con base a experiencias traumáticas o negativas a lo largo de la niñez o adolescencia, aunque también se da en la vida adulta.

Cuando se es joven no es nada sencillo tener una idea de lo que está ocurriendo dentro de sí. En aquellas décadas, por mi mente ni siquiera pasó que lo que estaba haciendo de mi vida un infierno era el trastorno de ansiedad generalizada. De hecho, ni siquiera sabía el término correcto, y mucho menos que día a día sin tratamiento el problema enraizaba más y más en mi cerebro. Pese a los terribles tratos, al fin de mi adolescencia un evento fatídico marcó profundamente mi vida. En aquel entonces, la muerte de mi padre y mi madrastra en un accidente automovilístico. Si bien, me lastimaban mucho, el no tener su "cuidado" y pensar en mi futuro me derrumbó. Para mis 17 que inicié mi vida laboral fue un horror debido a mi acrecentada y existente fobia social. Sumado a un leve trastorno compulsivo y a una incipiente ansiedad que apenas se asomaba.

Muchas personas piensan y creen que la fobia social es simple falta de huevos o cobardía, pero que ¡bah! que más alejada de la realidad. Puedo constatar con todas sus letras que la fobia social crónica deriva directamente del trastorno de ansiedad. Y no es cualquier cosa, ya que puede impedir - terminar con todos nuestros sueños, conocer el amor o tener algo de esperanza hacia el futuro. Y no basta con ponerle enjundia y echarle ganas, ¡no! esto va más allá. Ya que el pensamiento que alimenta directamente a la fobia social es un pensamiento obsesivo compulsivo que ya está tatuado en los circuitos cerebrales del área de comunicación social haciendo que sea difícil únicamente querer sanar, ya que ese circuito se repite vez tras vez haciendo que tengas miedo estar en situaciones sociales, donde imperan un gran número de personas. Cada vez que me dirigía al trabajo a aquella fábrica de pastas y galletas se activaba dentro de mí un sentimiento de miedo que me hacía sentir débil y con ganas de hacer del baño. Me daba un miedo pensar que algo malo me pasaría frente a las personas, como hacer algo mal en el proceso del producto y ser atacado con palabras hirientes enfrente de todos, y que me dijeran que no merecía estar ahí, que era una mierda. El caso es que me sintiera ridiculizado ante todos, era un sentimiento de que simplemente mirarlos a sus ojos sería juzgado, y mucho peor aún las miradas de las chicas me aterrorizaban literalmente, haciendo ponerme rojo como tomate y en situaciones extremas donde se acercaban e intentaban conversar conmigo hacían que corriera al baño a defecar. Aunque, cabe señalar que el principal miedo de padecer fobia social va más allá de temer a las miradas y de quien venga. El principal miedo que alimenta a este trastorno son las críticas, el miedo a las críticas, a ser juzgados. Nos aterroriza el ser atacados, juzgados y criticados mediante ser observados y temer por nuestra apariencia física o comportamiento. Debo mencionar que de mis 18 a mis 25 años de edad era un fracaso en fracaso en cada trabajo, no permanecía mucho en cada uno, a lo mucho una semana o dos antes de que lo abandonara. Me sentía criticado, señalado, aunque siendo honestos mirando retrospectivamente hacia el pasado, solamente eran suposiciones mías. Y eso es lo que hace la mente de un fóbico social con ansiedad, piensa que todos los critican, que es el centro de atención cuando es lo más alejado de la realidad.

Cuando se sufre fobia causada por la ansiedad pensamos que todas las miradas naturales son miradas críticas y que van directamente hacia nosotros. Incluso por ejemplo cuando llegas a una tienda de autoservicio y una mirada del cajero se posa sobre nosotros, en nuestros pensamientos decenas de cosas fuera de la realidad aparecen como: "me ve así porque cree que soy un asaltante, cree que por mi vestir molesto y debo adquirir el producto lo más rápido para que piense que en verdad compraré y no solo miraré, le gusto, le caigo mal, y un largo etc.". No se imaginan las lágrimas que derramé de empleo en empleo, me sentía una mierda, un fracasado un inútil... En aquellos años yo no tenía sueños, únicamente quería permanecer en un trabajo, ganar mi dinero y poder comprar comida, pero realmente nunca lo logreé por la fobia social producto de la ansiedad.

A pesar de que nunca desarrollé una depresión moderada si me sentía cabizbajo y sin esperanzas por la mala situación económica que se provenía de todo aquello. Fueron muchos años de hambre en la casa de mi envejecida tía, y todo para no gastar sus recursos porque su inservible sobrino no era capaz de aguantar más de una semana laborando en medio de muchas personas. Salía a buscar empleo rezando no encontrarlo, no por holgazanería sino por el terror que me daba ser observado. Todavía recuerdo que mi mayor sueño en aquel entonces era tener un trabajo donde no hubiera personas. El ideal era trabajar alejado de todo. Un faro sería fenomenal, me decía. Allá en el mar en un muelle, donde únicamente llegara el cheque cada quincena, pero solo fueron sueños, ese anhelo nunca pasó. No me quedo de otra que trabajar una semana aquí dos allá una acá. Para la edad de 26 años, literalmente había trabajado en toda la ciudad. Más de 55 fábricas.

Ya para esa edad me sentía una mierda, una basura, calificativos me sobraban para describirme en aquellos años. Ya para ese punto pensamientos suicidas se arremolinaban en mi mente, pero era demasiado miedoso para hacerlo, únicamente los repetía todos los días que lo haría, pero era únicamente para de alguna forma minimizar mi desesperación y frustración. Justo en esos años fue cuando inició formalmente mi ansiedad generalizada con toda su sintomatología. Y ya no era ocasional, sino mi némesis diariamente. Para ese entonces pensaba que tenía que ser estrés, pero estaba equivocado. Y como era de esperar, no le di la importancia pese a que me afectaba directamente en todas las facetas de mi vida. Por lo regular el miedo a exponerse a público genera demasiado sufrimiento para el que la padece, y que por lo regular solemos tomar el camino más fácil que es aislarnos, escondernos en nuestra burbuja; la casa. Y eso era precisamente lo que yo hacía.

Los que padecen este trastorno, no saben realmente como se proyectan ante los demás cuando son observados, pero su pensamiento asiduamente le bombardea preguntas como que están siendo observados y que pensarán de lo que ven de su físico, y exactamente el sentirse criticados, evaluados y juzgados en todo momento es lo que provoca tanto miedo e incomodidad que llegan al punto de aislarse. "Las personas con baja autoestima y fobia social creen firmemente que están siendo observadas de mala manera sin que realmente exista eso, todo es mental y la percepción que ven en su mente"

Como seres racionales y emocionales, naturalmente en algún punto de nuestras vidas anhelamos tener una pareja, no siempre suele ser la regla, pero casi todos en algún momento sentimos ese fuego en nuestro interior, ese impulso a desear ser amados por alguien externo a nuestra familia. Yo lo comencé a sentir a mis veintitantos, anhelaba encontrar a ese ser especial, pero debo decir, que nunca apareció. Es que era imposible para mí con tales trastornos ser capaz de conquistar una chica. Las contadas chicas que alguna vez me llegaron a hacer platica en algunos empleos esporádicos que tuve, su mera presencia me paralizaba literal y como era de esperar las aburría, porque por mi extremo miedo no decía nada. Mi mente, mis miedos, mis nulas habilidades sociales fueron lo que en algún punto hicieron en mí que me resignara a jamás conocer el amor, debido al terror que me daba solo imaginar relacionarme con una persona en la realidad, "y si la aburro, si no puedo mantenerla económicamente, qué platico, me decía.

La persona que padece problemas emocionales de fobia social o ansiedad generalizada no suelen decirlo. Pero ese sentimiento de soledad y fracaso que existe, no me dejarás mentir si ahora lo estás viviendo, es a veces auto victimizarnos, eso nos hace sentirnos muy bien, se convierte en algo que nos calma, y al mismo tiempo nos hiere. Cosas como: "me quedaré solo, nadie me amará, soy un inútil, no valgo nada, ojalá muriera esta noche y no abriera mis ojos el día de mañana", todas esas sensaciones negativas de tristeza y frustración y amargura, de alguna manera se convierte en una droga para tu subconsciente, pero te sientes bien en tu burbuja, en tu mundo de fantasía. De alguna forma, nuestra mente compensa toda esa gama de emociones en momentos de resignación a no poder lograr todos nuestros sueños. Y los compensa con depresión, tristezas, frustraciones, y un largo etcétera de emociones. Y poco a poco hace que surjan nuevos síntomas del **tag**, que antes no sabías que existían.

Para aquellos años, aunque afectaban directamente mi vida, podía de alguna manera hacerle frente a mi fobia social y a las obsesiones compulsiva **Toc**, o a pensamientos negativos. Era capaz en cierta medida de soportar entre comillas esas cosas. Pero una noche pasó algo que no pude hacerle frente, y es cuando inició una pesadilla. Previo a eso, debo mencionar que había estado algunas semanas muy estresado por todo lo anterior, miedo a que si tenía una enfermedad o cosas así. Aquella noche me desperté súbitamente, prendí la luz y me sentía confuso y raro en el cuerpo, sumado al mareo, todo ese cuadro era bastante nuevo para mí. Mi respiración era acelerada, trataba de agarrar aire en cada bocanada, la boca seca se tornó, acompañado de un pequeño frío y a eso añadiéndole las taquicardias furiosas de los latidos del corazón. Tenía un miedo atroz como nunca había sentido. Me senté al borde del colchón, cuando de un de repente sentí un terror a que aquello que estaba experimentando se tratara de un ataque al corazón. Y de esa manera siguieron los siguientes minutos, hasta que llegó un momento en que me resigné a morir. Pensé que ahí quedaría, pero luego se me pasó y vinieron temblores incontrolables literales, me temblaba todo, piernas brazos, manos, sumado a los pensamientos que me decían que ahí iba a morir. Y que solo bastaban minutos para yacer inconsciente. Y fueron esos pensamientos que me hicieron salir corriendo hacia la calle, despertar a mi tía y salir gritando como loco, paranoico, diciendo que me iba a morir. Mi tía me dijo: "déjate de bobadas sobrino, es noche para andar haciendo estas payasadas". Me perdí al final de la calle, pero a mitad de ir corriendo comenzó a descender la sintomatología que sentía, y regresé cansadísimo, avergonzado de aquella escenita ante aquello desconocido, y que posteriormente conocí como un ataque de pánico. Y lo que meses después fue igual, se volvieron a repetir una y otra vez. Y son uno de esos tipos de síntomas que casi son imposibles de soportar por fuerza de voluntad. Debo decir, que es casi imposible luchar contra un ataque de pánico por fuerza mental, porque es la ansiedad desatada en todas sus manifestaciones. Y es de alguna manera, que cuando estalla un ataque de pánico nuestro subconsciente nos está dando un mensaje indirecto como diciéndonos: "¡ayúdame! pon en orden tu vida".

Como seres humanos somos increíbles, pero esas cualidades son las que nos hacen frágiles. A pesar de que vivas en situaciones caóticas y estresantes, es adaptativo y casi siempre aprende a vivir pese a su entorno. Y justamente eso me sucedió a mí. Poco a poco fui asimilando a mi manera toda esta gama de problemas emocionales, y sí, aprendí a vivir con todo eso a pesar de mi terrible calidad de vida. Y debo puntualizar a que cuando digo aprendí, no quiere decir que tú tengas que resignarte a vivir así. Afortunadamente, existen metodologías sistemáticas para poder afrontarlos. Como citaba Buda: "si naciste en este plano y no te atreves a hacer tus sueños realidad y sentir la vida en todas sus manifestaciones es mejor haberte quedado en la inexistencia, en las luces del cosmos, porque si se nace en esta vida es para disfrutar las experiencias y ser feliz". Y más allá de encausarlo a temas espirituales, es cierta la cita de Buda, estamos en esta tierra para atrevernos a vivir cada experiencia sin el miedo al qué dirán y temores sin fundamento. Las técnicas que mostraré más adelante son para hacerlas y no tener miedo a ejecutarlas, porque la reacción de cada una es una recompensa, un pasito de la escalera para llegar a la meta, que no es más que ser capaz de controlar tu ansiedad, ese estado mental que te está impidiendo ser feliz y hacer las cosas que antes amabas o simplemente estar en paz contigo mismo y con los demás.

¡No temas! yo me sentía peor que tú. Se que podrás salir victorioso y mirar hacia atrás y exclamar ¿por qué no lo hice antes? La actitud es un punto clave para lograrlo. Quiero señalar que, si este libro al menos cambia un poco tu actitud y tu sentir en cuanto a tu trastorno ansioso, habrá cumplido su objetivo principal. Más allá de que si no te funcionaron 100% el sistema de técnicas, pero sé que lo harán te lo garantizo.

Cuando aparece este mal y arremete con todo su poder nunca se detendrá por sí solo, y dejarlo pasar solamente es darle más poder para que comiencen el día menos pensado síntomas en escalada uno tras otro, y fue exactamente lo que me pasó a mí. Una vez que experimenté los ataques de pánico siguieron nuevos, especialmente de noche como: angustias incontrolables, miedos irracionales sin fundamento que me hacían entrar en desesperación y hacían arañarme hasta sacarme sangre para tratar de tranquilizarme, y lo lograba, pero provocándome mucho daño. Y eso se debe exclusivamente a que cuando nos arañamos nuestro cerebro libera una cantidad exagerada de hormonas de la felicidad y tranquilidad. No es un método que apruebo porque se vuelve una rutina y luego un hábito, que nuestro subconsciente aprende a soportar y luego hacerse daño, y es algo que nunca traerá alivio. Tales hábitos dañinos como fumar o drogarse para calmar el martirio de la ansiedad, jamás traerán alivio y paz mental definitivamente.

Exactamente el síntoma de angustia provocada por la ansiedad es de los peores. Por mencionar, en Estados Unidos los casos de suicidios registrados por este síntoma son al menos de 2453 al año. Tal vez, no te parezca muy alto estadísticamente para un país con más de 300 millones; 2 en casi un millón, pero ya es foco de atención por la OMS a nivel mundial. Lo que lo hace realmente angustiante y preocupante es que estos ataques por lo regular suelen durar más de 40 minutos, y muchas personas en ese tiempo pueden hacer locuras, como suicidarse o aventarse por la ventana.

En ese entonces no contaba con el suficiente dinero para ir a un especialista por lo que aprendí a vivir con el padecimiento donde había periodos insoportables y otros donde disminuía un poco o aparecían los insomnios que me hacían llorar por no poder dormir. Para no seguir extendiéndome de más, mencionaré los síntomas que experimenté antes de iniciar a buscar ayuda adecuada, y como encontré las maneras exactas de poder lograrlo. Cabe puntualizar, que no todos los síntomas aparecen de golpe. La ansiedad es progresiva. Si dejas pasar mucho tiempo experimentarás casi todo dependiendo si la tienes moderada o crónica.

"A mis 26 me sentía una basura tal como millones de jóvenes que así se autodenominan en su soledad, pero ante la sociedad en su día a día tratan de aparentar ser fuertes, cuando su triste realidad es una soledad llena de amargura y lágrimas por su sentir. La sociedad suele criticar lo que no saben del trasfondo de las cosas, solo miran lo superficial sin saber de las emociones en juego. A mí, cuantas veces me llamaron y juzgaron de engreído solo porque pasaba junto a compañeros del área de trabajo sin voltear a mirarlos. Lo que ellos no sabían es que actuaba de esa manera por miedo a las miradas, producto de mi baja autoestima y mi ansiedad social. Desafortunadamente, las personas tienen nulo conocimiento de las emociones, y mucho menos empatía. Como especialista, un sueño que me encantaría ver hecho realidad si no es mucho pedir, es el de que en todas las escuelas del mundo se impartieran materias de emociones, tales como inteligencia emocional y todas las que se desprenden de ella. Si tan solo se hiciera esa, el mundo fuera muy diferente. Hubiera más empatía y más tolerancia. Recuerda que las apariencias engañan, no porque veas a alguien feliz y sonriente quiere decir que está feliz. Siempre hay trasfondos en todo.

A continuación, resumo una lista de los síntomas que suele presentar la ansiedad en cada zona de nuestro cuerpo y cómo los afecta poderosamente. Quiero ser reiterativo y decir, que todos estos síntomas yo los experimenté, los sufrí en carne propia, así que se tu sentir, no estás solo. Aunque suele ser muy complicado explicarlos con palabras, pero sé las sensaciones terribles que experimentas. No morirás, créeme ¡te lo aseguro!

En nuestro sistema nervioso

Experimentamos: dolores de cabeza repetitivos, pérdida de memoria, específicamente cuando se dan cuadros fuertes de ansiedad, mareos, cambios repentinos de carácter, falta de concentración, temblores, falta de aire conocido como disnea, pecho apretado, insomnios, no puedes dormir y de ello se derivan otros como terror de que llegue la mañana y no has dormido nada, emociones incontrolables tales como tristezas, furia, cansancio extremo, frustración por no poder lograr tus sueños, dolores musculares, debilidad en brazos, mandíbula tensa y hormigueo a mitad de la cara o brazos.

En nuestro sistema digestivo podrías presentar: en situaciones ansiosas severas podrías presentar diarreas, colitis en situaciones sociales tales como en entrevistas laborales, si te declaras a una chica rodeadas de personas podrías tener exceso de gases (pedos) ganas de cagar, estreñimiento, náuseas, sensación de atragantamiento, boca seca (Halitosis) etc.

En tu sistema cardiovascular podrías presentar sensaciones como: fuertes taquicardias que van desde los 110 latidos hasta los 170 latidos por minutos. Sensaciones como ardor no focalizado, es decir, las sientes en espalda o parte frontal, aunque no específico, todo eso forma parte de la ansiedad, obviamente primero se descarta cualquier problema fisiológico real.

En tu sistema respiratorio podrás experimentar: sensación de que no alcanzas a expandir tus pulmones y eso se torna en falta de aire, una inflamación en las fosas nasales conocida como rinitis, como que los sientes tapados, sensación de opresión en tu pecho, especialmente cuando te acuestas en las noches.

En la piel podría presentarse: exceso de sudoración, hormigueo, sensación de calor, rasguñaduras debido a arañazos que se producen inconscientemente cuando se sufren los ataques de pánico.

Referente a nuestra sexualidad podríamos presentar: a pesar de mi juventud, en mis veinticinco años me autosatisfacía por falta de una pareja. En esos años noté que mis erecciones eran débiles al punto de que no alcanzaban a tornarse fuertes y por ende disparaba más la frustración y la ansiedad que aumentaban, ya que la sexualidad ayuda de alguna manera a liberar el estrés emocional y liberar energía. Mi problema se tornó más grave al sentir la flacidez genital en todas sus manifestaciones. Algo que mencionar, es que la eyaculación precoz se presenta en cuadros severos de ansiedad generalizada, y algunas personas sienten sensación de desmayo cuando están a punto de eyacular y todo es producto del sistema nervioso, es algo poco comentado, pero existe, y muchos incluso dejan de tener relaciones por esas sensaciones de muerte inminente. Por lo que disminuye la calidad de vida y se convierte aparte de la ansiedad en más frustración por no poder masturbarte o tener relaciones. Por tal razón, es imprescindible que los médicos generales tengan la sensibilidad de diagnosticar más de lo evidente y llegar al trasfondo de toda la raíz y encauzarlo hacia un especialista. De ese modo se evitará perder años e inclusive décadas en una pésima calidad de vida e infelicidad. Y más allá de eso, para no desperdiciar nuestra vida, que solo tenemos una. Y acostumbrarse a ese trastorno se traduce a que jamás podremos cumplir nuestros sueños en todas las facetas. Como especialistas nuestra responsabilidad es esa, he ahí nuestro juramento de Hipócrates: "de ayudar y de hacer todo lo que está a nuestro alcance si en nuestras manos está, en regresarle la salud por los medios de la ciencia física y mental a un paciente".

A finales de mis 26 estaba abatido por un vendaval de emociones negativas y pensamientos que me asaltaba mi mente todos los días. Ya para ese momento deseaba suicidarme, pero mi cobardía y el reflejo de supervivencia me lo impedía, a pesar de que ya no tenía nada ni nadie por el cual vivir según yo. Una tarde mientras venía del trabajo de esos ocasionales que tenía, me detuve por un minuto en un puesto de loterías y pensé: "si pudiera ganarlo mis problemas se irían, me iría a un lugar solitario sin que nadie me juzgue", aunque, ¡vaya sueños que tenía! Lo sé, sueños demasiado inmaduros para mis veintitantos, pero lo único que quería era desaparecer de la sociedad, una por mi fobia social y otra por mi ansiedad generalizada. Siempre me repetía esto: "¿para qué vivir? en un par de años tendré 30, y ya a esa edad ya no hay nada para qué vivir, si no logré nada en mis 20 menos lo haré en mis treintas y algo". Por eso saqué mis únicos tres dólares que traía y que era lo que costaba el pasaje, así que me dispuse a comprar el boleto de la lotería. Y si, muy mala manera de gastarme el dinero, porque tuve que caminar unos 6 kilómetros para llegar a casa. Pero por la bendita fortuna, tres semanas después había ocurrido un milagro, no sé cómo llamarlo, sé que suena de película lo que sucedió después. En la sección de periódicos de ganadores de lotería mi nombre aparecía, con el título "felicidades a los ganadores de 5 mil dólares y el primer lugar Johnson que ha ganado 15 mil dólares". Leer aquello fue una locura, parecía que los "dioses" se habían al fin apiadado de mí. Aunque para serles sincero, aun soy ateo.

Sabía muy bien que esa cantidad no me duraría para siempre a lo mucho un año o dos. Por lo que pensé de inmediato: "y si la uso para sanarme sea lo que tenga". Fue una pregunta que me rondó mi cabeza varios días. Una parte de mi me decía: "no, no lo hagas no vale la pena no tienes nada, es parte de ti ser así, mejor gástalo en placeres ve con mujeres y hazte hombre de una vez, disfrútalo". En cambio, mi parte racional me decía que lo usara sin importar si me gastaba todo en el proceso, ya que era la única manera de nuevo de ser feliz. Al final ninguna de las partes ganó las primeras semanas, pero, al menos comencé a dar un paso importante en mi mentalidad. Para aquella época inicié a consumir toda clase de artículos de psicología y salud mental, y ahí fue cuando comencé a conocer la terminología de los trastornos de ansiedad generalizada y sus derivados, y obviamente, me hicieron sospechar que podría tener eso. Pero, más allá de impulsarme a ir de inmediato a pedir ayuda, continúe viviendo mi vida, hasta que conocí a Karly, una chica de mi vecindario que a pesar de que ella no sabía de mi existencia, la parte de desear ser amado se activó en mí, y me juré que esa chica sería un día mi esposa, y por eso tendría que hacer un cambio en mi vida. A decir verdad, obviamente aquella forma de actuar tan inmadura de querer sentirse amado eran simples impulsos tardíos de desear encontrar una pareja. Pero igual, me sirvieron como una motivación en ciertos días. Obviamente, debo decir ahora que nunca debes hacer que alguien o algo te impulse a querer sentirte bien mental o físicamente, sino debes querer sentirte mejor porque te amas, lo demás viene por inercia.

Acudí por ayuda con al menos cinco doctores generales, y por mi sintomatología que describí, al fin uno de ellos me canalizó con un profesional de salud mental. Posteriormente, este con un psicoterapeuta, los más indicados en tratar estos padecimientos. Estoy hablando de 1985, y para aquellos años las metodologías técnicas para la ansiedad no estaban avaladas ni adelantadas científicamente como lo están hoy en día. De igual forma, cabe mencionar, que había variados tratamientos que llevé a cabo, pero como era de esperar; sin una eficacia que se esperaría. —y así pase un tiempo sin alcanzar mi sanación. Para ese momento solo quiero eliminar mi fobia social y mis ataques de pánico, dos de los síntomas del tag de los que más me impedían vivir en paz. Para cuando estaba en el proceso de encontrar al fin el indicado, un problema se hizo presente: el insomnio, y fue uno de los síntomas más angustiosos que he presenciado en mi vida, y que no desaparecieron hasta que ejecuté el método combinado que más adelante veremos. A punto de tirar la toalla y mandar todo por la borda, encontré por azares del destino a una maravillosa persona por el barrio Albert Street en New York donde vivía. Y que de acuerdo a su experiencia personal había vivido una experiencia similar a la que yo sufría, y que después de llevar un método combinado se había sanado. Fue una persona que llegó justo en el momento indicado, de esas que ocurren una en cada millón. Pese a ser tímido pude entablar una amena conversación con él y me platicó sobre la metodología con que sanó y quien la impartía. Obviamente, esa oportunidad no iba a desaprovecharla, pensé. Desafortunadamente, cuando me dijo en qué lugar se encontraba dicha persona pensé: "imposible ir". Siendo sincero, al principio no estaba del todo convencido. Cómo era posible que en una aldea de la India existiera un individuo que impartiera una metodología para el espíritu y el alma como él le llamaba para sanar.

Únicamente trasladarme hasta allá me costaría un tercio de lo ganado. Por lo que unas semanas después de estar indeciso y luchando con mis demonios e implorando que no fuera un fraude; me decidí, e hice todo para poner en regla mis documentos, y le di un incentivo a aquel buen hombre natural de la India, que obviamente me acompañaría para obtener mi sanación definitiva según yo.

Con todo y mis temores, al fin había llegado con el susodicho "gurú" y maestro. Para serles sincero esperaba encontrarme con un tipo como los típicos chamanes y sus extravagantes vestimentas, pero fue totalmente lo opuesto. Mi amigo hindú me llevó alrededor de Bug Gayia Higar un lugar lleno de enormes montañas y misticismo más allá donde el emblemático Buda encontró su famosa iluminación. Cuando llegamos al sitio, una amplia casa de madera antigua inmersa en enormes jardines se hacía presente. Ni siquiera se vislumbraba un consultorio con rótulos que me hiciera pensar que esto era en serio y de un especialista, pero nada de eso. Ni gurú ni hindú aparentaba ser esta persona, claramente era un occidental que probablemente había vivido gran parte de su vida en aquel sitio. Eso sí, debo mencionar que la paz que transmitía este hombre era evidente, y su conversación era amena y exquisita. Para mí más allá de aprovechar este viaje hasta la India y entretenerme y olvidar un poco mis problemas, también me preocupaba de inmediato iniciar con cualquier tratamiento - método que me ayudara a curarme, pero no ocurrió así. Afortunadamente, me dio posada sin costo todos los meses que requerí, antes de que por fin se decidiera a brindarme ayuda. Debo comentar que mi amigo hindú Karlek nunca mencionó a detalle la famosa metodología con que según se había curado. Digamos que se comportaba de una manera extraña como si de alguna manera fuera el que se encargaba de encontrar los clientes desquiciados pudientes que le acompañaran hasta el otro lado del mundo, desesperados por encontrar curación en sus vidas. Ya para cierto punto pensé que todo había sido un engaño, aunque al menos pensé que había visitado el otro lado del mundo, y me encontraba un poco desestresado, aunque eso conllevaba haber despilfarrado casi la mitad del dinero, pero que importaba, al menos una nueva experiencia pensé, aunque la maldita ansiedad igual siempre me perseguiría a todos lados me dije en mi corazón.

— "Así que el tierno gatito haciendo sus travesuras — dijo el viejo de tercera edad al instante que me saludaba, yo pensé: —"está loco, maldito el momento que vine solo para escuchar tonterías de otro loco".

Inmediatamente de eso vinieron una serie de disertaciones que iniciaron a tener lógica y comenzó a hablar del trastorno de ansiedad generalizada de la A a la Z, que obviamente me dejó impresionado-.

El señor David Thomson que en paz descanse y mi primer mentor, en ese momento era un especialista en psicología aplicada, psicoterapia y psicoanálisis, además de tener diversos cursos y másteres. Luego de haber vivido gran parte de su vida en Estados Unidos emprendió un viaje de un año espiritual a la India, y las maravillas que miró lo hizo quedarse en aquellas tierras. Para aquel entonces contaba con 43, y claramente sabía lo que decía. Por obvias razones, por un instante pensé, "un especialista retirado", pero ¿acaso Karlek me hizo hacer este viaje hasta acá a consultar un especialista que pude haber encontrado en mi país? Inmediatamente de eso comenzó a hablar más y más.

El hecho es que el doctor David Thompson había ocupado gran parte de su vida profesional alrededor del planeta, obteniendo recopilando y creando una metodología única que ayudara a controlar, sanar o conseguir alivio de la ansiedad generalizada. Y lo que lo había impulsado hacer eso fue su esposa que había fallecido producto de un suicidio. Específicamente luego de una depresión que fue causada directamente por una ansiedad brutal justo antes de que se convirtiera en especialista. Y siguiendo su ejemplo, igual yo también me convertí en psicoterapeuta. Comencé un poco tarde a estudiar este maravilloso mundo, y para mis 39 obtuve el máster en psicoterapia y psicología, sumado a otras maestrías y doctorados. Quiero señalar que la metodología combinada del Dr. David Thompson su primer compilado que publicó en 1960 fueron sacados en su libro *"cómo encontrar la paz mental cuando se tiene ansiedad"* que únicamente hay dos ejemplares en el mundo y uno está en mi posesión. Pese a que en su momento no se le reconoció a nivel mundial por sus grandes aportes, un gran número de psicoterapeutas renombrados en la actualidad, emplean sus métodos mejorados basados en su obra.

Transcurridos dos meses y de haber aprendido todo de mi gran mentor el Dr. David Thompson, inicié con el tratamiento combinado, y pasados cinco meses después era un nuevo yo. Debo decir que parecía un milagro, pero naturalmente no lo era, sino fue gracias al método combinado que resultó sumamente eficaz en mí. Y de las técnicas. Permanecí casi 12 meses en la India asimilando, aprendiendo todo de mi gran mentor. Cuando regresé a los Estados Unidos traía una mentalidad diferente en pro con el objetivo de ayudar a los que estaba hundidos en sufrimientos como yo lo estaba. Desgraciadamente, mi querido amigo y mentor perdió la vida tres años después cuando yo finalizaba mi segundo doctorado en psicología aplicada. Eternamente agradecido estoy con el destino de haber conocido a Karlek porque sin él jamás hubiera conocido a David y por ende haber ayudado a miles de personas alrededor del mundo. Actualmente esa es exclusivamente mi misión en la vida: ayudar. Antes de iniciar con las técnicas para controlar, aliviar o superar cada uno de los trastornos que se derivan del tag, quiero ser enfático en que ahora soy feliz. Efectivamente jamás volví a tener una recaída una vez que sané completamente. El método combinado reside en cambiar el patrón mental hacia un pensamiento positivo que es al final lo que te hará salir de la ansiedad. De ahí se deriva todo el cuadro sintomático, y cuando comience a tener efecto, todos esos síntomas desaparecerán.

Actualmente a mis 68 me siento genial de haber podido ayudar a miles de personas a recobrar de nuevo su vida. La única forma de volver a percibir y sentir la vida que realmente es. Naturalmente siempre recomiendo, insto a que, pese a que en esta guía expongo la lista de las técnicas más efectivas, lo mejor es llevarlo a cabo a la par con ayuda especializada presencial, debido a que de esa manera habrá un 98 % de sanación garantizada.

Por tanto, ejecutarás al pie de la letra lo que muestro en esta guía con base a mi experiencia, pero no sin antes haber consultado a un profesional de salud mental. Mi objetivo en este libro-audiolibro es que todos aquellos que lo lean de nuevo recobren su felicidad y que nuevamente disfruten su vida. Créanme, es frustrante y una pesadilla perder años, décadas de tu vida aprisionado en tu hogar por el miedo a las miradas al qué dirán, no tener vida laboral, social, amorosa, por el miedo a las críticas o por cualquier trastorno derivado del **tag**. Ahora es el momento de acudir por ayuda y de ejecutar lo que expondré aquí, de esa manera obtendrás todas las herramientas para poder disfrutar tu vida nuevamente. ¡Disfrútalo!

Lista de técnicas combinadas. Ejecutarlas de tres en tres cada día de la semana

Determiné que no me centraría en definiciones complicadas de cada trastorno porque creo que la mayoría de las personas que buscan una solución práctica es probable que ya sean conscientes de qué es la ansiedad generalizada y lo que conlleva y sus trastornos derivados, y lo que realmente les importa es tratar de hacer algo distinto para intentar sanar. Es por tal motivo que me sumergiré de lleno en la metodología práctica. Si bien, expondré las principales técnicas que me ayudaron a controlarla, también expondré otras ya conocidas que igual si ya las conoces te ayudarán dentro de la metodología combinada. Antes de iniciar quiero ser muy reiterativo y puntual en esto: suceda lo que suceda no dejes pasar ningún día sin realizarlos, es fundamental para que se creen en tu mente los patrones mentales que serán las bases del cambio dentro de tu subconsciente y automáticamente será proyectada en tu vida real. Por lo tanto, aunque te sientas mal debido a los ataques de pánico, insomnios, ansiedad y demás trastornos, continúa con miras a tu meta. Recuerda que ladrillo a ladrillo se construye una casa, y así tú con cada ejercicio, nueva manera de pensar, rutina positiva ejecutado día tras día; estarás construyendo una mentalidad nueva ante diferentes situaciones que hoy te mantienen aprisionado en tu mente. Recuerda, debes ser diciplinado, y no tengas prisa, hazlos sin prisa siempre relajado, y con mucha fe. Es fundamental creer de verdad en tu nuevo estilo de vida, técnicas y rutinas porque todo lo que expongo aquí funciona como un todo y son eficaces en la mayoría de mis pacientes. Así que sin agregar más ¡comencemos!

Los ejercicios especialmente contra la ansiedad

Respiración mental aplicada

Sirve exclusivamente para calmar estados ansiosos y evitar en mayor medida ataques de pánico.

El ejercicio conocido como respiración mental aplicada se lleva a cabo de esta manera; debes estar acostado lo más cómodo posible con tu cabeza ligeramente elevada y brazos a tus costados. 15 minutos debes permanecer así. Aclaro, no es meditación exactamente debido a que lo combinas con imágenes mentales. Veamos.

- En este momento comenzarás a cerrar tus ojos, respira por tu boca, quiero que hagas una respiración profunda y natural... posteriormente la retendrás máximo 7 segundos..., acto seguido comenzarás a expulsarlo en pequeñas exhalaciones, primero por la nariz y luego por tu boca hasta que sientas tus pulmones completamente vacíos.

- De nuevo haremos el sencillo ejercicio, pero esta vez añadiremos una imagen mental de un escenario. Cuando menciono esto me refiero a cualquier lugar, escenario que te infrinja seguridad-paz y armonía, trata de no pensar mucho en el escenario, lo importante aquí es que tu mente te lleve a esos lugares o atmósferas, pero estando consciente de la realidad. Por citar un ejemplo, respira profundamente por tu boca, luego piensa en un campo de trigo lleno de paz en un atardecer... continúa inmerso en ese paisaje ... Contén tu respiración 7 segundos luego haces unas pequeñas exhalaciones por nariz boca nariz boca hasta expulsar todo el aire de tus pulmones, y de nuevo comienzas a respirar por tu nariz boca profundamente y continúa en el mismo escenario que te de paz... Respira profundamente, contén 7 segundos, acto seguido sacas todo el oxígeno por tu nariz, boca, nariz, boca, hasta vaciarlos. Lo ideal son 15 minutos, pero pueden ser 10 si así lo decides. No lo hagas rápido sino con una respiración normal. La primera si es profunda, pero las demás naturales y controladas. Solo cuando contienes los 7 segundos y exhalas. Este poderoso ejercicio sencillo y eficaz, exclusivamente sirve para detener estados de ansiedad y prevenir ataques de pánico. Puedes hacer este ejercicio en la mañana o en la noche antes de dormir. Lo importante aquí es combinar todos los ejercicios que vayas dominando para hacerlos con mejores resultados.'

La técnica de atrapar o seguir tus pensamientos activos

*Recuerda que las primeras veces practicarás guiándote, después te las aprenderás de memoria.

Cierra tus ojos durante 12 minutos. La eficacia de este ejercicio consiste básicamente en que te concentraras encontrándote con tu yo, auto calmándote únicamente siguiendo tus pensamientos que vayan brotando de tu mente sin darle la importancia más allá de su duración. Siendo una técnica sencilla, pero efectiva reside exclusivamente en disminuir las revoluciones mentales debido a que tú no serás el que producirá los pensamientos como suele ser en personas ansiosas si no dejarás que los pensamientos fluyan automáticamente de la mente subconsciente. Si te llevan al futuro, los seguirás sin darles la importancia para no extenderlos, si te llevan al pasado igual o al presente. No harás nada, únicamente los perseguirás intentando atraparlos, pero hasta ahí, y lo harás a su velocidad hasta que desaparezcan. Trata de hacer este ejercicio ligeramente recostado en tu cama estaría perfecto. No más de 12 minutos, con una respiración normal. Es de inmediato la sensación de tranquilidad debido a que las ondas cerebrales bajan a niveles donde la relajación se manifiesta. Solamente será perseguirlos, no los alargarás más de lo que duren ni los cuestionarás, únicamente observarás su inicio y su desvanecimiento. Los pensamientos sabemos que no son estáticos y siempre se mantienen activos en movimiento hasta desaparecer, por tal razón tú únicamente seguirás el pensamiento. Esta técnica es muy eficaz para llegar a estados mentales de paz de inmediato, debido a que únicamente sigues un flujo de pensamientos de origen, a diferencia cuando te centras en ellos y te cuestionas, y debido a eso surgen más y más hasta convertirse en un caudal de subpensamientos secundarios derivados de estar dándoles demasiada atención. Recuerda, no es evitarlos, sino no darles el protagonismo y haciéndolos más largos de lo que durarían, y convirtiéndolo en un patrón mental en el instante y pensamientos repetitivos que al final forma parte del trastorno. Entonces recuerda, cerrar tus ojos, respiración natural y perseguir tus pensamientos cuando vayan surgiendo, no cuestionarlos ni alargarlos, únicamente lo que duren con el único fin de tranquilizar tu mente y bajar el estado ansioso.

Técnica de auto calmar tus pensamientos

Esta sencilla técnica consiste en calmar tu mente auto calmando de raíz patrones mentales que te generan indirectamente o directamente inquietud, angustia, incomodidad, si es que están presentes. Pero sin ir más allá de forzarte. Encuentra el lugar más tranquilo que sientas para realizarlo.

Respira lo más profundamente posible tres veces a una velocidad pausada. Hasta que tus pulmones queden totalmente llenos, luego exhalas igual, despacio, muy despacio. Cierra tus ojos y relaja todo tu cuerpo, no lo pongas duro, déjalo blando. Todavía sientes un poco alterada tu mente ¿verdad? ahora lo que harás será respirar normalmente sin concentrarte ya en tu respiración, sino comenzarás a concentrarte en tu mente, únicamente trata no pelear con tu pensamiento o pensamientos que vayan surgiendo. Por ejemplo, si te asalta un pensamiento como naranja cuestiona, ¿qué eres? tu respuesta cuestiónala, no respondas solo cuestiónalas, todo pensamiento que vaya surgiendo y tu respuesta cuestiónala por más simple y boba que te parezca. Al menos hazlo por 8 minutos. Si surge un pensamiento, por ejemplo: me siento fea, me siento gorda, me siento triste, me siento con miedo, cuestiónalos y tu respuesta igual, cada respuesta y pregunta cuestiónala. Este ejercicio es una eficaz técnica y te ayudará a relajar rápidamente tu mente ayudando a modificar tu pensamiento ansioso y encauzarlo en pensamientos básicos, como se les conocen a aquellos que no te hacen sentir ansioso, y que poco a poco aprendas a controlar y dejar de pensar en pensamientos principales que son los que provocan ansiedad en menor o mayor medida.

Las técnicas para los ataques de pánico

En este punto, seguramente ya sabes todo el malestar y las sensaciones que se producen cuando te da alguno o previo a manifestarse uno. Cuando percibas que ya pasaste la barrera del no retorno y percibas que te va a dar uno, en esos últimos segundos o apenas inicie el ataque de pánico manifestándose con fuertes temblores, taquicardias fuertes, sudor, y miedo atroz, sientes que te falta el aire que no puedes expandir tus pulmones que dan ganas de gritar, salir corriendo o quizás sientes que tu muerte está inminente. Para que tu mente reaccione tiene que aprender una señal, es decir, para que tus reacciones a tiempo, y cuando lo hagas en esos segundos seas capaz de comenzar hacer la siguiente técnica para contener el ataque. Supongamos que llevas segundos en un ataque de pánico, la señal que le darás a tu mente para comenzar a bajarlo pueden ser diferentes, una pequeña cachetada o yo recomiendo un pellizco fuerte en tu mano izquierda. Una vez que percibas esa señal, tu mente será consciente de que en ese momento comenzarás hacer el ejercicio pese a que te sientas terrible en esos instantes, lo primero que harás será:

- Tapa tu nariz y boca con ambas manos, hazlo con la suficiente fuerza para que no puedas respirar. Esto lo harás pese a que en un ataque de pánico sientas tu respiración pesada y pecho oprimido y falta de aire. No respirarás por 30 segundos, si resistes estarás privando a tu sistema nervioso central del alimento que estará suministrando al ataque de pánico y por ende comenzará a bajar de inmediato todo el caudal de síntomas que sientas, y esto es debido a que el sistema nervioso detectará pasando los 30 segundos de un descenso de oxígeno y activará tu supervivencia dándole prioridades, por lo que desaparecerá de inmediato el ataque de pánico. Es una excelente técnica debido a que engañas a tu sistema nervioso responsable directo de un ataque de pánico.

Una vez transcurridos los 30 segundos, tomarás tres bocanadas de aire y nuevamente cerrarás tu nariz y boca con todas tus fuerzas, esta vez únicamente 20 segundos. En ese instante que ya haya bajado notoriamente tu ataque de pánico, te dirás una afirmación positiva que combinada a la técnica descrita hará paulatinamente en cada ataque de pánico un patrón mental positivo hasta el punto en que poco a poco comenzarás a mandar el mensaje a tu subconsciente y serás más consciente de que una vez que pase el ataque de pánico mandarás un mensaje a tu inconsciente de que no te hará daño y no hay motivo de temer. Por lo que, pese a que no se te quitaran de la noche a la mañana, cada vez que tengas uno sabrás como actuar y luego de tener uno, tendrás una actitud positiva y mejor actitud, y eso a tu mente subconsciente poco a poco llenará de mensajes positivos en referencia a los ataques de pánico haciendo un patrón mental, al punto que cuando menos lo pienses, luego de meses de practica poco a poco comenzarán a disminuir y perderán fuerzas al punto de que un día desaparecerán por completo. Esta técnica está avalada científicamente en estudios de ondas cerebrales con estudios computarizados en pacientes de ataques de pánico.

Una vez de disminuir toda la sintomatología de pánico gracias a la privación de oxígeno a tu cerebro por 30 segundos, repetirás frases de aceptación positivas tales como: "no me sucedió nada malo por el ataque de pánico, los temblores y las taquicardias no me dejaron ninguna secuela por que forman parte de la ansiedad y no de ninguna enfermedad orgánica que mi mente cree que poseo. No me sucederá nada, no moriré porque estoy completamente saludable, solo es mi mente que me alerta que de un cambio a mi mentalidad negativa.

Las frases de autoconvencimiento y aceptación tales como: no es peligroso tener ataques de pánico, no me pasará nada, me agrada sentir los ataques de pánico se siente bien, ojalá me den a diario, frases de autoengaño de ese tipo ayudan en gran medida a confundir a nuestro subconsciente y en vez de generar lo esperado generan lo contrario; en vez de presentarse más fuerte se tornan cada vez más débil debido a que lo hace una rutina ya esperada y porque te vuelves conocido de los síntomas. Y de pronto si vuelve a dar se vuelven más débiles y ya no tiene la misma fuerza. Esto que menciono lo llevé un mes y ¡vaya! que al inicio no estaba del todo convencido porque son simples frases aceptativas, pero increíblemente los ataques comenzaron a perder fuerza dentro de las primeras 3 semanas. Créeme, funciona increíblemente en los cuadros de pánico y los miedos.

Es muy complicado saber y prever cuándo llegará un ataque de pánico, pero si llegase a sucederte en tu hogar, quiero que una persona cercana a ti te acompañe en todo momento. Supongamos ahora mismo está presentándose un ataque de pánico, ya para este momento estás cubriendo tu nariz y boca justo como especifiqué arriba y esto es para disminuir tu oxígeno en tu cerebro. En 35 segundos tus síntomas comenzarán a disminuir progresivamente si no quitas tu mano de tu boca y nariz. En este punto ya te sientes controlado porque sientes que van disminuyendo al igual que el miedo que sentías en tu mente igual comienzan a defender..., tu familiar o persona cercana a ti con voz firme, pero sin llegar a gritarte mencionará tu nombre para recordarte que menciones en ese momento algunas de las frases de autoafirmación aprendidas que son para engañar a tu subconsciente. Por ejemplo: "me encantan los síntomas que siento cuando me da un ataque de pánico todos los días, ¡se siente genial! subconsciente has que me den todos los días". Repite una y otra vez estas frases, no únicamente pueden ser afirmaciones sino también afirmaciones queriéndote dar un mensaje activo a tu subconsciente. Por ejemplo, la psicología inversa a tu inconsciente trabaja de esta manera: "me encanta los temblores que siento, es divertido sentir la sensación de frío, quiero más en verdad. Siento esa sensación de falta de aire me gusta, y frases por el estilo".

Las frases positivas pueden ser tales como: "¡mira ansiedad! el ataque de pánico no me hizo nada, estoy vivo por lo que para que temer si ya sé que se siente, no me pasará nada, por lo cual, me da igual si me dan todo el día, total no me pasará nada, nunca moriré de uno. Quiero ser enfático, nadie muere de un ataque de pánico pese a que en primera instancia suelen ser una experiencia perturbadora, hasta aterradora. Te aseguro que sí, poco a poco haces esto y eres disciplinado y constante, comenzarás a perderle el miedo hasta hacerla rutina y hacer que desaparezcan en tu mente. Entonces, para este punto pregúntate a ti mismo ¿por qué debo vivir con miedo a un ataque de pánico si a nadie le pasa nada por esto? Por tanto, dígase a usted mismo, "esto es personal, pero no temeré la siguiente vez ni me pondré como paranoica (o) pensando que estoy a punto de morir porque en verdad nunca me matará un ataque de pánico. Lo haré mi amigo y de pronto desaparecerá para nunca volver. Es vital tener fe, y que la técnica que haces en verdad funciona, y practicarlas todos los días cuando te levantes y cuando te acuestes. Si eres disciplinado y no das espacio a la pereza y al desánimo, en un mes comenzarás a ver resultados, y te sorprenderás.

El método del Chile habanero

Si bien, este método es un poco enérgico, se ha iniciado a llevar a cabo hace menos de 5 años en algunos de los mejores centros especializados alrededor del mundo, como un método rápido para los ataques de pánico. Su eficacia ya ha sido comprobada en ensayos reales en algunas universidades del mundo. Pese a que es algo drástico, pero cuando se está en un ataque la persona que esta experimentado, siente que va a morir debido a todo el conjunto de síntomas. Cuando se desencadena la sintomatología en un individuo con este trastorno, saben - reconocen los síntomas, pero son incapaces de pararlo por fuerza de voluntad. Sin embargo, con este método es rápido el proceso en detenerlo. Si bien, no lo recomiendo para todos debido al picor. Si eres tolerante recomiendo siempre llevar una botella de agua contigo y un chile habanero de los rojos o verdes. Se lee bastante friki, pero medidas drásticas para síntomas drásticos. Además, en lo personal he constatado la eficacia en muchos de mis pacientes, en un rango del 79 % los detenía en la marcha del ataque.

Cuando identifiques los primeros síntomas como la sensación de muerte inminente o las fuertes palpitaciones, que es el preámbulo de comenzar un fuerte ataque de pánico, es ese miedo al peligro inminente, y que a veces nos hace actuar de salir corriendo impulsivamente hacia el exterior o de comenzar a temblar frenéticamente. Desde el momento que identifiques que te va a dar uno o ya estás, en ese instante tienes que sacar el chile habanero y morderlo todo, eso sí ¡ojo! no debes tragártelo, solo mastícalo y resiste todo lo que puedas: 1, 2, 3,4,5,6,7,8,9,10... segundos. Debes sentir la explosión del picante y ardor como fuego en tu boca para que comience a hacer efecto.

Muchas personas se rasguñan en los ataques de pánico y de alguna manera les conforta a resistir, pero muchas veces el cerebro no reacciona y sigue inmerso en un ataque. Pero con un chile habanero reaccionarás e iniciarás a centrar la atención en disminuir los síntomas debido a que detectará que la lengua se está quemando producido por la capsaicina que es lo que nuestro cerebro detecta como picor y fuego que es el ingrediente activo del chile. En ese instante que detecta eso, priorizará que algo está pasando y por ende comenzará a disminuir rápidamente los síntomas del ataque de pánico, dándole prioridad a esa sensación de quemazón en la boca, y por ende detendrá el ataque de pánico en cuestión de dos minutos.

Antes de llegar a su punto más alto el ataque, el poder del chile habanero disminuirá toda la sintomatología proveniente de nuestro cerebro, en este punto es hora de comenzar a tomar abundante agua por la sensación de fuego en la boca. Es sencillo este método, pero el efecto secundario es el picor extremo, pero no es nada que no puedas soportar.

Técnica para el insomnio - quedarse dormido rápido:
Para este punto te encuentras tranquilo en tu habitación listo para dormir, relajado. Justo ahora apagas las luces y te tiendes plácidamente en tu cama. Previo a esto no has comido ninguna comida pesada. Dejaste tu celular en la parte de abajo o se encuentra apagado. Tampoco consumiste nada de azúcar en las dos horas previas a dormirte. Y ahora cierras tus ojos porque te dispones a dormir…. Lo más seguro es que tus pensamientos paulatinamente se comienzan activar como cada noche lo hacen, y por lo cual te impiden dormirte rápidamente como quisieras o de plano el insomnio no te deja. Bueno, lo primero que tendrás que hacer antes de iniciar es respirar desde tu posición acostado con tus ojos cerrados. Respira lo más profundamente posible y exhalarás lo más lentamente posible. Esto hará que los músculos de la zona del pecho y cuello que probablemente lo tienes tensos por el miedo y trauma de saber que no podrás dormir activa todo provocando estrés y ansiedad inconscientemente. Una vez que hagas esto unos 3 minutos y que hayas alcanzado una ligera relajación, comenzarás a poner tu mente

libre de pensamientos, no en blanco, pero sí que trates de no pensar en nada. Ahora iniciarás con la técnica en total oscuridad.

Con tus ojos cerrados... en este preciso instante en total oscuridad imaginarás que vas en zigzag si leíste bien en zigzag en tu pensamiento de frente en la oscuridad. Comenzarás a avanzar con tu pensamiento en zigzag de frente, obviamente sin imaginar o pensar en tu cuerpo físico solo con tu mente, y la sensación o pensamiento de zigzag... trata de imaginar el movimiento de zigzag en tu mente, no muevas los ojos en zigzag sino tu mente... luego de unos segundos percibirás o notarás que tu mente se comenzará a aburrir, en ese instante no debes dar cabida a ningún pensamiento más que a lo que estás haciendo; zigzagueando de frente en la oscuridad. Luego de hacer lo primero por un par de minutos de ir zigzagueando de frente, imaginarás de pronto que caes al vacío hacia abajo... te recuerdo, tu mente es como el universo infinito, no existe ni derecha ni izquierda ni altura, pero en este ejercicio imaginarás dirección en esa oscuridad. Te recuerdo, cuando tu mente se aburra de estar cayendo en el vacío vuelves, es decir, primero irás de frente en zigzag en oscuridad (en línea frontal), pero cuando te aburras, luego imaginarás que caes al vacío y cuando te aburras ve hacia un lado y luego doblas al lado izquierdo, y cuando de nuevo te aburras ve hacia arriba y luego comienza todo de nuevo... pronto te darás cuenta que tu mente se aburrirá rápidamente al hacer las direcciones, y es por eso que esta técnica se llama redirecciones mentales cognitivas porque evita que tus pensamientos se centren en esos pensamientos negativos al momento, y solo siguen esas ondas cerebrales encauzadas de pensamiento como ir en zigzag en direcciones al punto de que de tanto caer en puntos de aburrimientos la mente entra de un momento a otro en estados de sueño y caes dormido, es sumamente eficaz. Yo que ya no padezco insomnio la sigo empleando cuando tengo conferencias y necesito dormirme rápido, porque en cuestión de minutos caigo inmerso en el sueño. Obviamente, para darle una fuerza extra a esta técnica te dejo un listado de las mejores infusiones del planeta que ayudan a encauzar el sueño de manera natural, y que también puedes combinarla unas con otras. Todas en sí, cuentan con propiedades relajantes y sedantes que actúan directamente en nuestro sistema nervioso estimulando y provocando rápidamente que conciliemos el sueño. Además del insomnio, la mayoría sirve para la ansiedad generalizada.

Las mejores infusiones combinadas contra el insomnio:
Té de valeriana y kava
Kava con pasiflora
Lavanda con valeriana
Manzanilla con toronjil
Hojas de limón con hierba Luisa
Melisa con té de lavanda
Ashwagandha con té de tila
Té de menta con raíz de regaliz
Pasionaria con lúpulo
Estragón con salvia
Romero con azahar
Pasionaria con lúpulo
Estragón con té de tila
Consumir mucho omega 3 - ácidos grasos
Consumir complejo B
Tomar el sol

Reprograma tu mente subconsciente y elimina la ansiedad para siempre

Como su nombre lo dice, esta técnica mental reside principalmente en reprogramar los patrones mentales de tu subconsciente de una forma natural para que recuperes tu estado normal de antes.

Lo más seguro qué a estas instancias ya habrás escuchado en alguna ocasión sobre que es el subconsciente o inconsciente, y si es así, lo más probable es que te resulte más fácil asimilar y comprender todo. Un gran porcentaje de personas tienen una idea errónea o confusa, creen que el subconsciente es una especie de habitación cerrada bajo candado, en donde hay colosales cantidades de información grabada a la que nunca por lo regular tenemos acceso. También que en este lugar es donde se encuentran almacenados todo el conjunto de traumas, miedos, hábitos, temores, y pensamientos negativos y todo de nuestra niñez. Situaciones malas o buenas que no queremos ya recordar etc. Si bien, en todo esto hay algo de verdad, lo cierto es que el nivel de complejidad de nuestro subconsciente es mucho más complejo en realidad. En este apartado trataremos un poco a profundidad nuestro inconsciente, y sobre la técnica que yo uso para poder reprogramar nuestro subconsciente para poder eliminar o controlar la ansiedad. De más de 6 mil pacientes que he tratado en varias décadas directamente, puedo decir orgullosamente que esta técnica tiene un 93% de efectividad. Son increíbles los resultados si es combinada con todas las técnicas del principio. Por fortuna, nuestro subconsciente tiene la capacidad de ser reprogramado y una vez hecho es increíble el cambio de un antes y después en la salud mental del implicado. La gran mayoría de las personas piensan que no es posible eliminar la ansiedad mediante la reprogramación, pero es porque no tienen ni idea del maravilloso poder de nuestra mente.

¿Qué es realmente nuestra mente subconsciente o inconsciente?

Nuestro inconsciente es esa zona de nuestra mente a la que no tenemos entrada o acceso de manera consciente. Pero esto tampoco quiere decir que no seamos capaces de hacerlo. Lo que pasa es que, desde un estado consciente, por ejemplo, cuando analizamos una tarea solo tenemos acceso a una zona de nuestra mente consciente y el uso de esa zona es la que empleamos para algunos procesos mentales específicos. Aunque, siempre tenemos esa parte oculta mucho más misteriosa y poderosa llamada inconsciente.

Para que quede claro, nuestra mente consciente es toda nuestra parte racional y analítica que tenemos y es la que está bombardeada directamente siempre por toda clase de estímulos directas e indirectamente y esto es debido a los sentidos que tenemos. Pero ese gran caudal de información llamado estímulos es brutal por lo que, para nuestra mente consciente, es decir nuestro (yo del interior) sería imposible procesar en tan poco tiempo, agregándole a que mucha de la información que ingresa viene siendo información poco provechosa. Para ello nuestra mente que se encarga de procesar los datos importantes y no en nuestra mente el encargado, sino es nuestro sistema reticular que es un tipo de filtro en nuestro cerebro que tiene nuestra mente para automáticamente alertarnos, avisarnos que algo vale la pena eliminar o no. Por citar un ejemplo, si tú eres un fanático de los deportes de contacto, quizás tu sistema reticular (**sar**) te alertará automáticamente a que tengas cierta inclinación por información del exterior que se relacione con el universo deportivo. Contrario de un individuo que no le interesen los deportes su (**sar**) lo más seguro es que pase por alto todo ese caudal de estímulos deportivos. De acuerdo algunas investigaciones neurocientíficas de los últimos años, indican que nuestro maravilloso cerebro cuenta con la capacidad de procesar aproximadamente cuatrocientos treinta mil millones de bits, sin embargo, exclusivamente somos conscientes de unas 20 mil por segundo, excluyendo el resto únicamente por nuestra mente subconsciente y desechándolos después. Como dato adicional, sabían que únicamente somos conscientes del 17 % de la información que nos ingresa por medio de los sentidos quedando el 85 % de alguna manera almacenados directamente en nuestra mente inconsciente. Y es justamente en esa parte de nuestra mente donde almacenamos todos nuestros recuerdos, buenos o malos hábitos que tengamos, costumbres, manías, gustos y un largo etc. Sin embargo, no solo se encarga de esto, sino que nuestro inconsciente se encarga de la ejecución automática de toda la gran mayoría de tareas biológicas automáticas de nuestro cuerpo, tales como procesos sumamente complejos a niveles celular como asegurarse que nuestro corazón siga latiendo mientras dormimos, que nuestros riñones, hígado, y demás órganos siga en correcto funcionamiento, que nuestras células se repliquen y un largo etc.

La forma de cómo se auto reprograma nuestro inconsciente a través de todas las experiencias que hemos tenido.

Tenemos que tener claro que nuestra mente subconsciente o inconsciente, no piensa, es decir, no analiza. Incluso sin eso como leíste arriba es capaz de ejecutar una colosal tarea de procesos automáticamente a velocidades impresionantes agregándole a que gestiona todos nuestros procesos de recuerdos, hábitos etc. Entonces al leer esto quizás te preguntes, bueno, ¿Qué? ¿cómo que no piensa ni analiza? pues no olvidemos que la parte racional analítica-lógica que le compete hacer eso es a nuestra mente consciente es decir tú yo interior. Y en nuestro consciente es el que se encarga de realizar toda esa cadena de procesos lógicos. La mente consciente (yo interior) al recibir cientos de estímulos en forma de información lo que hace es procesarla, luego la analiza y la etiqueta. Contrario a eso, nuestra mente inconsciente lo que hace es recibir toda la información del exterior como verdadero, es decir, toda clase de pensamientos reales o irreales los toma como verdaderos. Citemos un ejemplo, si yo recibo información del exterior, digamos miro un perro negro, mi mente consciente la interpreta luego la analiza y la etiqueta todo en cuestión de microsegundos, una vez etiquetada la manda directamente al subconsciente. Cuando esta la recibe mi subconsciente no preguntará, no pensará, únicamente la recibirá, dirá gracias y la procesará, la archivará para usarse en el futuro si mi yo la necesita. Para entender hagamos una mejor analogía. Supongamos que tu mente consciente es un piloto de un tren, y tu mente subconsciente sería el tren. Como puedes darte cuenta, el poderoso tren-máquina sin el piloto no haría nada, sino que obedece al conductor de acuerdo a las órdenes que le da. No cuestiona, no se queja, no piensa, no analiza, solo recibe órdenes de su piloto y las cumple.

El poder que habita en nuestra poderosa mente subconsciente

Como ya hemos aprendido, ya sabemos cuál es el papel que desempeña nuestro inconsciente en nuestra vida. No únicamente se responsabiliza de todos los procesos automáticos que nos mantienen vivos, sino que también gestiona nuestros recuerdos, hábitos etc. Ya hemos dicho que desde nuestra mente consciente apenas utilizamos una parte de nuestra mente, y es porque únicamente la necesitamos para llevar una tarea rigurosa que ejecutamos. Sin embargo, hay cientos de tareas que son importantes para nuestra vida, pero la llevamos a cabo de manera automática sin analizar ni "pensar" y esto se da debido a que en esa zona de nuestro inconsciente están almacenados nuestros hábitos, prácticas, vicios, recuerdos.

Para hacerlo más sencillo de entender, la conducción de un auto. Cuando recién iniciamos en las clases de manejo para tener destreza al principio resulta difícil – confuso, casi chocas, no puedes tener coordinación en ver adelante y atrás etc. Y a todos casi nos resultó complicado ¿verdad? porque no únicamente tenemos que estar con la vista al frente, sino que también debemos ir atentos a los retrovisores constantemente, agregándole que debemos llevar el control de velocidades, el freno, el cambio y muchos más factores. Sumándole a que si el carro es estándar un problema extra es. No obstante, conforme pasa el tiempo y nos convertimos en diestros para el volante llega el momento que hacemos todos de una manera rápida y de una forma automática, sin pensarlo. Y no quiere decir que al hacerlo automáticamente sin analizarlo no somos conscientes sino imagina que peligro tendríamos. Lo que pasa es que el misterioso y complejo engranaje de todos nuestros hábitos en nuestro inconsciente facilitan todo el proceso sin ser casi conscientes de que lo hacemos. Por lo que en ese punto ya no se necesitan procesos conscientes donde involucres tu mente consciente, es decir, la ejecución de análisis minuciosos y rigurosos para asegurarse de la tarea en cuestión, ejemplo, como que tanta fuerza confieres al freno o al acelerador etc. En este punto quizás preguntes, pero al hacer eso ¿no significa que soy consciente? pues sí, pero lo que sucede es que cuando tú presionas el acelerador o el freno tienen tactos diferentes y si presionaras diferente o viceversa se sentiría muy distinto y en ese instante entraría en juego el engranaje de hábitos de tu subconsciente que has guardado y de inmediato apretarías el correcto. impresionante ¿no crees?

Entonces aquí surge lo que nos importa ¿cómo programo mi mente subconsciente?

Entonces, si nuestro inconsciente no piensa ni analiza, ni pregunta lo que recibe del exterior ¿cómo demonios sabe que es lo que debe y tiene que hacer? pues en este punto se sirve de las costumbres o hábitos - prácticas, no tanto de los procesos biológicos para mantenernos con vida.

Sin embargo, lo que nos interesa en este momento... veamos las otras funciones de nuestra mente subconsciente en nuestra vida. En nuestro inconsciente existen cientos y cientos de hábitos buenos y malos que hemos asimilado a lo largo de nuestra existencia y a base de experiencias. Muchos de ellos son imprescindibles y positivas mientras otros son nocivos y negativos, por ejemplo, hábitos buenos como el hábito de tomar agua, comer, ejercitarse etc. Contrario a los dañinos como fumar, robar, pensar negativamente y un largo etc.

Como ya mencionamos, la mente inconsciente recibe todo de nuestro yo interno, es decir, el inconsciente no analiza ni cuestiona solo la recibe. Y dice "está bien por mandármelos los archivaré para cuando la ocupes". Por consiguiente, nuestro inconsciente se forma mediante un conjunto de pensamientos, patrones mentales de pensamiento a base de información mandada del consciente.

Algo muy importante en este punto es que vemos dos elementos, que el subconsciente es altamente vulnerable a la auto programación ante o mediante situaciones de impactos traumáticos emociones, tales como violaciones, torturas, secuestros, violencia etc. Cuando el subconsciente ha estado expuesto ante situaciones perturbadoras por lo regular cambia sus patrones mentales creando un trauma en menor o mayor medida por lo que vivió.

El segundo elemento de la auto reprogramación son las repeticiones de pensamientos negativos que por lo regular uno se va auto repitiendo o ¡vaya! asimilando del exterior de malas o buenas compañías o a lo largo de las experiencias. Por citar un ejemplo, si usted sufrió abuso sexual o violencia existe la probabilidad de que si no recibió ayuda oportuna de que cuando crezca puede hacer eso a otras personas o canalizar ese trauma mediante la violencia o ansiedad. Otros son las repeticiones de pensamientos que se dan de esta manera. Supongamos que pensamos de forma consciente y nos repetimos: "tengo miedo, soy un fracasado, para que hago ejercicio, no puedo perder peso, me da miedo ir a... la ansiedad no se cura ...", como ya leímos nosotros como los pilotos de la gran maquinaria de pensamiento de esta clase, ¿qué crees que va a suceder si pensamos así? que nunca superarás la ansiedad, que no vas a bajar de peso, serás un fracasado con todo respeto, y muy fiel a lo que pienses tú (consciente), tu mente subconsciente obedecerá fiel porque tu estás mandando órdenes, y te pondrá obstáculos para que no logres ninguna meta, y estas vienen de la manera como si dices: "jamás me sanaré de la ansiedad", entonces cuando se presenten en cierto momento pensamientos de esta índole repetitivos negativos, debes de hacer lo contrario, aunque por naturaleza no queramos y sea un gasto extra de energía. Aunque tu subconsciente deseé mandar la respuesta y aparezcan dudas no debes de hacer caso sino debes responder con pensamientos contrarios, pese a que como mencioné no tengas absolutamente ganas de luchar contigo mismo. Y ahí está la magia de todo esto, cada vez que luches con un pensamiento pensando lo contrario al negativo ahí es cuando estarás cambiando ese patrón mental arraigado en tu subconsciente, y este cada vez que se presente irá cambiando hasta desaparecer, porque un positivo se implementará con la práctica.

Existe una frase que me encanta de **George Lucas** que dice: "tanto como crees que puedes como si crees que no en ambas estás en lo correcto". Sabes que la gran diferencia entre una persona que llega al éxito a una persona que no, es únicamente una cosa, y es eso que piensan de sí mismas. Y tan cierto es el dicho trillado ese "creer es poder", y es totalmente cierto. Como individuos racionales cuando estamos una vez tras otra por muchos meses u años bombardeando a nuestra mente con toda clase de pensamientos nocivos, limitantes, pobres negativos, tales como: "no sirvo para nada, soy un inútil, nadie me querrá, no sirvo para esto, no puedo hacer esto por, no valgo nada, me quiero matar, soy feo, soy gordo, etc". Nuestra mente subconsciente sin que nos demos cuenta estará aguardando todos esos patrones mentales y entre más lo hagamos estaremos alimentando más y más al subconsciente y ella obedecerá todo materializando todo lo que pensamos como un espejo y se reflejarán en una gama de cosas como, desórdenes mentales tales como: ansiedad y sus derivados, miedos sin fundamento, pobreza física y mental, frustraciones y un infinito etc.

A lo mejor no es del todo tu culpa, sino de tus vivencias indirectas cuando eras pequeño, pero por fortuna es hora de poner manos a la obra. Aunque también existen las personas que han grabado desde pequeños en su inconsciente esos patrones y hábitos que los han llevado al éxito y libres de ansiedad y con una alta autoestima. Existen las dos caras de la moneda. En este momento quizás te preguntas, tú que estas sufriendo o que quieras dar este libro para ayudar a un familiar o amigo ¿es posible realmente hacerlo en corto tiempo? pues te respondo ¡claro que es posible! y es justamente lo que veremos a continuación.

Antes de pasar al siguiente capítulo quiero que tengas en mente un aspecto sumamente importante del porqué la gran mayoría no tiene éxito cuando quiere eliminar o controlar la ansiedad de su vida. Así como fuiste programando sin pensarlo tu inconsciente a través del tiempo, actualmente que padeces ansiedad generalizada por causas directas o indirectas y sufres este mal, y ahora que te enteras de como reprogramarlo te dispones hacerlo llega el momento en que te frustras y lo dejas porque quieres hacerlo de un día a otro, y créeme, así no funciona. Para llegar a eliminarlo, necesitas tiempo lógico para que tu mente se programe a hábitos saludables, pensamientos positivos, y por tanto, debes ser disciplinado y no desesperado mirando tu objetivo a futuro con firmeza mental. No quiero decir que te tomarán años en conseguir tu objetivo y desterrar la ansiedad ¡no! pero si pones disciplina de tu parte te puedo asegurar que serán meses con las técnicas que a continuación aprenderás. Es como todo, el campesino primero despeja el terreno en el cual siembra la semilla, luego la riega y al final de su duro trabajo cosecha. Ten fe en lo que te digo, porque diario veo pacientes curados con este sistema luego de varios meses inmersos en el método.

Técnicas esenciales para la reprogramación de tu inconsciente usando afirmaciones positivas

Usaremos la primera técnica conocida como patrones de pensamiento positivo, que usaremos para reprogramar todos los días nuestra mente repitiendo diariamente hasta creérnoslas y de ahí cambiar nuestra conducta.

Como previamente lo mencioné, el inconsciente tiende a ser muy susceptible a patrones de pensamientos repetitivos diariamente por un largo tiempo. Por citar un ejemplo práctico, si tú te repites diariamente pensamientos positivos tales como; "tengo la capacidad de lograr lo que me propongo, soy capaz de hacer... me amo, tengo mucho valor porque soy único, venceré la ansiedad porque cambiaré mi mente, actuaré diferente positivo, cambiaré todos mis hábitos negativos en positivos tanto mental como en la práctica etc.". Todos los cambios de pensamientos que están aguardados en lo profundo de tu inconsciente irán paulatinamente disminuyendo en nuestro corazón interior y los viejos se irán, siendo desplazados por nuevos al punto que irán quedando más y más al fondo, y cuando menos pienses se marcharán para siempre y perderán fuerza en tu conducta de actuar, haciendo que no tengas esas inclinaciones negativas comportarte en la realidad. Y tendrá un impacto en tu vida al irse poco a poco la ansiedad y todos sus trastornos derivados que tengas sean ataques de pánico, fobia social etc. Frases positivas reales que piensas cambia tu pensamiento con la repetición y con tu acción como: "puedo lograrlo, soy capaz de lograrlo, hacerlo, lo lograré, lo haré, lograré todo cuanto me proponga, no me dejaré caer por los desánimos sin importar si mi día sea negativo o positivo en resultados, continuaré hasta vencer la ansiedad pensando positivo y realista".

Toda esta clase de pensamientos positivos sugestiónales, lo que hacen es auto alentarnos y darnos ánimos de instrucciones pensadas sobre nosotros mismos en lo más recóndito de nuestra mente para ejecutar a futuro haciendo como principal regla la de cambiar nuestra conducta gradualmente, lo viejo por lo nuevo día tras día, semana tras semana, mes tras mes hasta llegar a un nivel donde ese poder interior del subconsciente entre en acción y haga que cambie todo en nuestra persona. Es algo más complejo de explicar en líneas, pero sucede.

Cuando te sucedan y aparezcan esos pensamientos negativos malsanos, hostigadores, lo que harás es introducir cualquier pensamiento positivo, pero que sea lo más corto posible, y que sirva para sustituir ese pensamiento intruso. Hagamos algo práctico, supongamos estas en tu cama acostado y de pronto comienzan a manifestarse una serie de pensamientos catastrofistas como 'que podrías morir o cualquiera que se te ocurra', pues lo que harás será en pensar en algo positivo y creértelas como: "soy linda, valgo mucho, lograré esto a como dé lugar, etc. De esta manera lo que harás es que esos patrones de pensamientos rutinarios negativos se irán acortando paulatinamente cada vez más hasta al punto de ya no existir más en tu inconsciente o ser más fácil de eliminarlos cuando se presenten.

Nuestra mente poderosa, es capaz de hacer cualquier cosa que creas. Ahora que ya sabes que es posible estoy seguro que quieres tratar de hacerlo ¿o no? pero, por favor, si lo intentas trátalo de hacer con paciencia y calma para que no te desesperes y no termines abandonando el método. Lo que te importa ahora es tu ansiedad generalizada y de ahí partirás hacia los trastornos derivados. Entonces, esto es lo que harás, desde que te levantes hasta que te duermas, quiero que repitas en tu mente sea hablado o en voz mental afirmaciones positivas, no importa cuales sean, pero que sean positivas para que vayas vertiéndole más y más positivismo a tu inconsciente e ir sustituyendo las viejas conductas y patrones mentales, y por añadidura ir alejando tu ansiedad de tu vida que es como mencionamos arriba, esos pensamientos, recuerdos malos o momentos han sido los detonadores de dicho trastorno.,

Por tanto, repítete 27 veces siete cada afirmación y pasas a la siguiente que tu creas te ayude. Pero quiero que tengas fe, no únicamente repitiéndolas como loro. Quiero que las creas de verdad, de esa manera tu mente inconsciente las grabará como un patrón mental real y capaz. Esto que lees no es una sarta de información de autoayuda de quinta como abunda hoy en día, no, al contrario, ha sido comprobado por la neurociencia y comprobado con miles de pacientes que he tratado. Un gran porcentaje tiende a desesperarse porque desean ver cambios de un día a otro, pero desafortunadamente las cosas en nuestra realidad no funcionan como en las películas, sino suceden de manera paulatina, similar a al fruto de un manzano. Desde que fue preparada la tierra para sembrar la semilla hasta cosechar el fruto. La idea, es hora tras hora, día, semana, mes tras mes ir debilitando todos esos hábitos negativos hasta romperlos y sustituirlos por los nuevos hábitos positivos en la práctica y en nuestro pensamiento. Y esto se puede lograr con cualquier rasgo de tu personalidad que creas es negativo. Por ejemplo, si quieres eliminar el cigarrillo, es decir, todos los días 70 veces debes repetirte cada mañana y noche: "dejaré de fumar", ese pensamiento en tu subconsciente se traducirá "en quiero dejar de fumar", y en la práctica tú tienes que hacer un esfuerzo por obedecerlo, y de esa manera tu subconsciente hará el resto. Si al principio de la primera semana logras algo en la lucha, poco a poco te será más fácil, al punto de varios meses después sin importar las recaídas lo habrás logrado. El poder de este método, es que cualquier cosa se puede lograr y con la ansiedad ocurre lo mismo-.

"Voy a vencer la ansiedad", repítelo 1000 veces, pero lo acompañarás con actividades reales no solo mentales. Harás ejercicio, pensarás positivamente, te relacionarás si tienes fobia social etc. Quiero que seas consciente de que todo está en tu mente, y ya tienes las herramientas para iniciar y poder eliminarla de tu vida. Y ya que te sientas capaz ir con un especialista si así lo decides. Si mis pacientes y yo lo logramos siguiendo el mismo método combinado, sé que tú podrás hacerlo.

Reprograma tu inconsciente con las llamadas ondas alfas

Esta técnica básicamente reside en entrar en un estado profundo de relajación. Una vez que con respiraciones lentas y exhales igual controladamente, escogerás cualquier técnica de las de los capítulos anteriores. Las afirmaciones positivas de esta técnica consisten básicamente a las del anterior ejercicio, con la diferencia en que cuando las estemos ejecutando estaremos en un estado de relajación llamado alfa, por lo que será mucho más rápido el proceso. Está completamente demostrado ya, que nuestro cerebro emite impulsos eléctricos cuando recibe información de afuera, y estos impulsos luego son transmitidos entre sí mediante una gran red neuronal central. Todos estos impulsos incesantes que se dan a través de toda la red neuronal producen pequeños movimientos rítmicos de ondas a los que científicamente se les conoce como ondas cerebrales. Para resumirlo, tenemos cuatro principales ondas en nuestra mente, las cuales son: *la delta, beta, alfa y theta.* Y cada uno tiene por lo regular que ver en diferentes comportamientos o actividades en los seres humanos, veamos en síntesis cada uno.

En las ondas *alfas*: aparecen cuando nuestro cerebro entra en procesos de baja actividad como suelen ser los estados de relajación y felicidad. En resonancias aparecen como ondas rítmicas lentas. Aparecen cuando, por ejemplo, estás caminando relajado cerca del mar, bajo el bosque, escuchando esas olas del mar, cantar de aves, melodías hermosas, tenemos sexo, amamos, como al practicar yoga, en síntesis, aparecen en todas esas actividades de placer y felicidad.

***Las ondas Beta*:** estas ondas casi siempre están activas, y es cuando nuestro cerebro está en modo normal. Como cuando estamos despiertos mirando por la ventana... se activa más cuando comenzamos hacer procesos donde se requiere cierto análisis, como cuando vamos hacer algo con nuestras manos, problemas matemáticos, bajar escaleras etc.

Las ondas *Theta*: esta clase de ondas aparecen cuando estamos durmiendo y en cada una de las fases del sueño. También se logran en prácticas como el yoga, mindfulness, meditación y estados profundos de respiraciones.

Las ondas *delta*: estas aparecen cuando estamos en sueños muy profundos. Analizando las cuatro ondas, seguramente ya te disté cuenta que el mejor estado para reprogramar nuestra mente subconsciente es el estado mental **alfa** por obvias razones, debido a que estamos conscientes, pero en un estado de relajación profundo, y la mayoría de las técnicas mostradas en esta sección son para usarse en este estado. Cuando más tranquilo y calmado te encuentres es cuando tu inconsciente estará más receptivo para introducírsele afirmaciones positivas sugestionables. Repítelas hasta el cansancio, pero con fe, al menos 15 minutos o 20 o una hora en la mañana y tarde, la idea es no aburrirte haciéndolas, por eso 15 está bien, pero depende cada persona, si quiere resultados rápidos, será más y más práctica. Recuerda que cada vez que te digas una afirmación positiva respóndete con un ¿Por qué? por ejemplo, "yo me curaré de la ansiedad", ¿por qué? -Porque haré cada una de las técnicas hasta alcanzar a salir de mi estado ansioso, lograré este sueño porque lucharé hasta lograrlo, bajaré de peso porque haré ejercicio etc.". Aquí lo importante es que este una emoción implicada y que haya cierto impacto emocional, yo me curaré, yo sanaré de la ansiedad porque me estimo, porque deseo cumplir mis sueños sin verme imposibilitada por esto, quiero ser una abogada, quiero ser un atleta y viajar por el mundo, quiero casarme etc. Toda esta combinación de emociones - respuestas juntas dan mejores resultados porque tiene un objetivo principal y no solo es repetir la afirmación, como por ejemplo al decir, "bajaré de peso, si lo dices así no tienen ese extra de emoción contrario si lo dices con la afirmación y luego con la emoción del por qué lo harás "bajaré de peso", ¿por qué? porque quiero tener una novia, no quiero enfermar quiero verme lindo, quiero cumplir mis sueños etc. Todo junto crea una emoción más fuerte e impulsa a actuar para lograr dicho objetivo. Así por ende tu inconsciente se esforzará para alcanzar dicha meta hasta lograrlo.

Conclusión

Con el aval de la neurociencia y de estar acreditado como uno de los más respetados especialistas contra la ansiedad por diferentes importantes revistas del mundo, soy un testigo presencial de todos los días ver la eficacia de todo este sistema combinado, obviamente no es lo mismo leerlo y aplicarlo desde un libro que realizarlo conmigo, pero por algo se empieza. Tenemos un gran amigo en nuestro inconsciente, así como un enemigo si lo descuidamos con malsanos hábitos y pensamientos, por ende, reacciona con ansiedades, trastornos y enfermedades. Por suerte, ya sabes cómo reprogramarlo. Es fácil, solo es seguir lo expuesto arriba. Solo ten disciplina, fe y lograrás sanarte. Cinco meses son realistas para tener cierto impacto real en tu inconsciente y darle un gran cambio a tu vida.

No olvides dejarme un comentario sincero y como fue tu experiencia y resultados luego de haberlos llevado a cabo. Mil gracias y te deseo de todo corazón sanes, tu amigo:

Dr. Albert Jonson

Libro sintetizado del método real usado presencialmente por el Dr. Albert Jonson para tratar la ansiedad y sus trastornos

"La ansiedad no vacila en presentarse como una consejera de futuro, advirtiéndonos de los males posibles. Pero su tarea no es tanto decirnos lo que será, sino impedirnos ver y apreciar lo que es" - Alain de Botton

Esta cita de Alain de Botton destaca que la ansiedad tiende a enfocarnos en preocupaciones futuras, impidiéndonos disfrutar y valorar el presente. Nos invita a ser conscientes de este patrón y a buscar maneras de vivir el momento presente con más plenitud.

Comenta si te ayudó en algo

www.ingramcontent.com/pod-product-compliance
Lightning Source LLC
Chambersburg PA
CBHW052230150726
48002CB00003B/1353